NOTICE

DES

PRINCIPAUX ARTICLES

COMPOSANT

LA BIBLIOTHEQUE

DE FEU

M. L'ABBÉ COPETTE,

Ancien Principal du Collége de Rheims;

Dont la Vente se fera le Lundi 26 Novembre 1781,
& jours suivans de relevée, au Collége de Rheims,
rue des Sept-Voyes, Montagne St-Hilaire.

SE DISTRIBUE

A PARIS,

Chez MÉRIGOT l'aîné, & DESSAIN Junior,
Libraires, Quai des Augustins.

M. DCC. LXXXI.

NOTICE

DES

PRINCIPAUX ARTICLES

COMPOSANT

LA BIBLIOTHEQUE

DE FEU

M. L'ABBÉ COPETTE,

Ancien Principal du Collége de Rheims.

N°. I. *24 Volumes in-octavo, dont :*

PETRONII Satyricon, cum Comment. Mich. Hadrianide. Amst. 1669. 1 vol.

Les Métamorphoses *ou* l'Asne d'or d'Apulée. Paris, 1623. 1 vol. fig.

Erasmi, Moriæ Encomium, cum Comment. Gerh. Listrii. Basil. 1519. 1 vol. in-4.

A 2

N°. II. *24 Volumes in quarto & in-octavo, dont :*

Quintiliani Declamationes innumeris locis emendatæ ex recenf. Ulr. Obrechi. Argent. 1698. 2 vol.

Crifpi Saluftii, Opera cum notis Waffe. Cantabr. 1710. 1 vol.

C. Suetonii Tranq. ex recenf. Fr. Oudendorpii. Lugd. Bat. 1751. 1 vol.

Q. Curtii Rufi Hiftoria Alexandri Magni , cum notis varior. Amft. Ex Off. Elz. 1663. 1 vol.

C. J. Cæfaris, cum notis varior. Ex Off. Elz. 1670. 1 vol.

T. Livii Hiftoriarum , cum notis J. F. Gronovii. Amft. Elz. 1679. 3 vol.

C. Taciti Opera, cum notis varior. 1672. 2 vol.

A. Gellii noctes atticæ, cum notis J. F. Gronovii. Lugd. Bat. 1687. 1 vol.

P. Ovidii Opera, cum notis varior. Lugd. Bat. 1661. 4 vol.

Catullus, Tibullus & Propertius , cum notis varior. Traj. ad Rhenum. 1680. 2 vol.

Elégies de Properce , traduites par de Longchamps. Paris. 1772. 1 vol.

Les Comédies de Térence, traduites par Madame Dacier. Rotterd. 1717. 3 vol. fig.

N°. III. *40 Volumes in-douze , dont :*

Q. Horatii. Parif. Ex Typ. Rob. Stephani. 1613. 1 vol. gr. pap.

D. J. Juvenalis Satirarum , Lib. V. Parif. Ex Off. R. Stephani. 1616. 1 vol. gr. pap.

[5]

Catullus , Tibullus & Propertius , cum Comment.
Ant. Mureti. Venetiis , Aldus. 1558. 1 vol.
Phædri Fabularum Æsopiarum. Lib. V. Lond.
1713. 1 vol.
Fr. J. Desbillons , Fabularum Æsopiarum , Lib. V.
priores diligenter emendati. Parif. 1759. 1 vol.
M. A. Plauti Comœdiæ. Parif. 1759. 3 vol.
Poésies d'Horace , traduites en françois , avec des
remarques , par le P. Sanadon. Paris , 1756.
8 vol.
Œuvres de Virgile , traduites en françois , le texte
vis-à-vis la traduction , avec des remarques , par
l'Abbé des Fontaines , 4 vol.
Lucrece , traduction nouvelle , avec des notes , par
de la Grange. Paris , 1768. 2 vol. fig.

N°. IV.   31 *Volumes in-octavo , dont :*

Phædri Fabularum Æsopiarum , Lib. V, cum notis ,
& Obferv. Joan. Laurentii. Amft. 1667. fig.
Corn. Nepotis vitæ Excellentium Imperatorum ,
cum notis varior. Lugd. Bat. 1774. 1 vol.
Dion. Catonis Difticha , de moribus ad filium ,
cum not. varior. Amft. 1754. 1 vol.
Satyres de Juvenal , traduites par Dufaulx. Paris ,
1770. 1 vol.
Les Odes Pythiques de Pindare , traduites avec des
remarques , par Chabanon. Paris , 1772. 1 vol.
Hymnes de Callimaque , traduites par la Porte du
Theil. Paris , Imp. Roy. 1775. 1 vol.
Les Géorgiques de Virgile , traduites en vers fran-
çois , par Delille. Paris , 1770. 1 vol. fig. gr. pap.
La Pharsale de Lucain , traduite en françois , par
Marmontel. Paris , 1766. 2 vol. fig.

[6]

Théâtre de P. Corneille, avec des commentaires,
par Voltaire, 1764. 12 vol. fig.

Nº. V. *20 Volumes in-quarto, dont :*

Pub. Ovidii, cum notis Pet. Burmannii. Amst.
1727. 4 vol.
P. Virgilii, Opera interpr. & notis illust. Car.
Ruæus, ad usum Ser. Delphini. Parif. 1675.
1 vol.
Fables d'Esope, avec des réflexions du Chevalier
Lestrance, avec les figures dessinées & gravées
par F. Barlouw. Amst. 1714. 1 vol.
Traité des Tournois, par Fr. Menestrier. Lyon,
1669, 1 vol.
Jugemens des Savans, par Baillet. Paris, 1722.
8 vol. gr. pap.

Nº. VI. *40 Volumes in-octavo & in-douze, dont :*

Henr. Bebelii, Facetiarum. Tubingæ, 1570. 1 vol.
Democritus Ridens. Amst. 1655. 1 vol.
Sylva Sermonum Jucundissimorum. Basil. 1568.
1 vol.
J. B. Santolii, Opera Poetica. Parif. 1694. 1 vol.
M. C. Sarbievii Carmina. Parif. 1759. 1 vol.
J. Vanierii Prædium Rusticum. Tolof. 1730. 1 vol.
fig.
J. Commirii Carmina. Parif. 1689. 1 vol.
T. Bezæ Vezelii Poemata. Lugd. Bat. 1757. 1 vol.
Lusus Poetici Allegorici, sive Elegiæ oblectandis
animis, &c. aut. P. P. J. Sautel. Parif. 1754.
1 vol.
Sarcotis Carmina, aut Masénio. Parif. 1771. 1 vol.

Poëmata Didefcalica, nunc primum vel Edita, vel Collecta. Parif. 1749. 3 vol.

Poëtarum ex Acad. Gallicâ, qui Latinè, aut Græcè fcripferunt carmina. Parif. 1733. 1 vol.

Roland furieux. La Haye, 1741. 4 vol.

Œuvres de Boileau, avec des éclairciffemens hiftoriques, des remarques & des differtations critiques, par de Saint-Marc. Paris, 1747. 5 vol. fig.

N°. VII. 54 *Volumes in-quarto & in-douze, dont :*

Recueil d'Oraifons funèbres & autres Pièces. 10 vol. in-4.

Mediolanenfes Antiquitates ex Urbis Parœciis Collectæ, &c. Opera & ftudio Jo. Ant. Caftellionæi. Mediolani, 1625. 1 vol. in-4.

Defcription anatomique d'un Caméléon, d'un Caftor, d'un Dromadaire, d'un Ours & d'une Gazelle. Paris, 1769. in-4. fig.

Solelii Tractatus de Pileo. Lugd. 1655. in-4.

Œuvres d'Aufone, par l'Abbé Jaubert. Paris, 1769. 4 vol.

L'Iliade d'Homère, avec des remarques, par Madame Dacier. Paris, Rigaud, 1711. 3 vol.

L'Odyffée d'Homère, avec des remarques de la même. Paris, 1741. 4 vol.

Jérufalem Délivrée. Paris, 1724. 2 vol.

Choix de Poéfies Allemandes, par Huber. Paris, 1766. 5 vol.

N°. VIII. 39 *Volumes in-quarto, dont :*

Recueil de Mémoires, Plaidoyers, & autres Pièces y ayant rapport. 36 vol.

Ant. Perezi Prælectiones in duodecim Libros Co-
dicis Justiniani. Amst. Elzev. 1671. 2 vol.
L'Esprit des Loix, par le Président de Montes-
quieu. Leyde, 1749. 1 vol.

N°. IX. 22 *Volumes in-quarto*, *dont* :

Histoire d'Allemagne, par le P. Barre. Paris, 1748.
11 vol.
Histoire de Polybe, traduite du Grec, par D. Vinc.
Thuillier, avec un Commentaire, par de Folard.
Paris, 1727. 6 vol. fig.
Histoire des Empereurs, par le Nain de Tillemont.
Paris, 1700. 6 vol.

N°. X. 15 *Volumes in-quarto*, *dont* :

Histoire critique du Manichée & du Manichéisme,
par de Beausobre. Amst. 1734. 2 vol.
Histoire des Papes. La Haye, 1732. 5 vol.

N°. XI. 32 *Volumes in-douze*, *dont* :

La Monarchie des Solipses. Amst. 1753. 1 vol.
Histoire de Dom Inigo de Guipuscoa. La Haye,
2 vol.

N°. XII. 83 *Volumes in-douze*, *dont* :

La Politique, la Guerre, l'Esprit & le Prince de
Machiavel. Amst. 1683. 4 vol.
Mémoires sur la Légende du Pape Grégoire VII,
1743. 3 vol.
Histoire du Droit Public, Ecclésiastique & Cano-

[9]

nique, par Brueys. Londres, 1740. 3 vol.
Traité des Délits & des Peines. Lauf. 1766. 1 vol.
Lettres de quelques Juifs Portugais, &c. Paris,
    1776. 4 vol.

Nº. XIII. 40 *Volumes in-douze*, dont :

L'Avocat des Pauvres; de la Clôture des Religieu-
    fes; Expofition du Saint Sacrement; Traité des
    Cloches, par Thiers. 5 vol.
Hiftoire des Inquifitions. Colog. 1759. 3 vol. fig.
Voyage d'Italie. Rotterd. 1710. 2 vol.
Hiftoire des Impofteurs infignes, par de Rocoles.
    Brux. 1728. 2 vol. fig.
Hiftoire des Conjurations, par Duport du Tertre.
    Paris, 1763. 10 vol.

Nº. XIV. 44 *Volumes in-douze*, dont :

La Vie du Pape Alexandre VI, par Gordon. Amft.
    1732. 2 vol.
Hiftoire de la Papeffe Jeanne. La Haye, 1758.
    2 vol. fig.
Le Divorce célefte. Villefranche, 1644. 1 vol.
La Politique & Intrigues de la Cour de Rome, par
    le Cardinal Palavicin. Colog. 1696. 1 vol.
Le Népotifme de Rome. 1669. 2 vol.

Nº. XV. 39 *Volumes in-quarto*, dont :

Hiftoire Eccléfiaftique de Fleury. Paris, 1691.
    37 vol.

N°. XVI. *38 Volumes in-octavo & in-douze,*
dont :

Le Clergé de France, *ou* Tableau Historique des
Archevêques, Evêques, Abbés, &c. par Hugues
du Tems. Paris, 1774. 4 vol.
Description de Versailles & de Fontainebleau. Par.
1764. 4 vol. fig.
Essais Historiques sur Paris, par M. de Saint-Foix.
Paris, 1776. 7 vol.

N°. XVII. *18 Volumes in-quarto, dont :*

Concordantiæ Sacrorum Bibliorum. Lugd. 1687.
Cornelii Jansenii Commentarius in Evangelia.
Lugd. 1677.
Claudii Frassen disquisitiones Biblicæ in Pentateu-
chum. Parisiis, 1705.
Roberti Bellarmini in Psalmos Explanatio. Lugd.
1675.

N°. XVIII. *23 Volumes in-octavo, dont :*

Les Vies des Saints-Peres des Déserts. Paris, 1701.
3 vol.
Les Vies des Saints de l'Ancien Testament. Paris,
1703.
L'Apocalypse avec une explication, par M. Bossuet.
Paris, 1699. m. r.
Le Nouveau Testament en François, avec des
Réflexions Morales. Paris, 1705. 4 vol.

N°. XIX. 31 *Volumes in-octavo, dont :*

Nouvelle Bibliothèque des Auteurs Ecclésiastiques,
par M. Ellies Dupin. Paris, 1690.

N°. XX. 34 *Volumes in-douze, dont :*

Abrégé de l'Histoire Ecclésiastique, par M. Racine.
Cologne, 1752. 15 vol.
Histoire des Juifs, par Prideaux. Amsterd. 1755.
6 vol.
Histoire des Variations des Eglises Protestantes,
par M. Bossuet. Paris, 1770. 5 vol.

N°. XXI. 35 *Volumes in-douze, dont :*

Journal de M. l'Abbé d'Orsanne. Rome, 1753.
6 vol.
Traité du Formulaire. Utrecht, 1736. 5 vol.
Conjectures sur les Mémoires Originaux, dont il
paroît que Moyse s'est servi pour composer le
Livre de la Genèse. Bruxelles, 1753.

N°. XXII. 27 *Volumes in-octavo.*

La Sainte Bible, par M. de Sacy. Paris, 1683
& suiv. 27 vol.

N°. XXIII. 40 *Volumes in-douze, dont :*

Abrégé de l'Acien Testament, par M. de Mezanguy.
Paris, 1737. 8 vol.
Histoire du Peuple de Dieu, par le P. Berruyer.
La Haye, 1753. 13 vol.

Duguet fur la Genèfe, Job & les Pfeaumes. 16 vol.

N°. XXIV.   22 *Volumes in-quarto*, *dont* :

Conférences Eccléfiaftiques de M. Duguet. Cologne, 1742. 2 vol.
La Religion Chrétienne, prouvée par les faits, par M. l'Abbé Houtteville. Paris, 1740. 3 vol.
Concordance des SS. Peres de l'Eglife, grecs & latins. Paris, 1739. 2 vol.
Joannis Bona, rerum Liturgicarum Libri duo. Romæ, 1671. in fol.

N°. XXV.   22 *Volumes in-quarto.*

Recueil de Pièces fur la Conftitution. 22 vol.

N°. XXVI.   46 *Volumes in-douze*, *dont* :

Nouvelle Defcription de la France, par Piganiol de la Force. Paris, 1722. 8 vol.
Nouvelles Recherches fur la France. Paris, 1766. 2 vol.
Voyage en France, en Italie & aux Ifles de l'Archipel. Paris, 1763. 4 vol.
De l'utilité des Voyages, par M. Baudelot de Dairval. Rouen, 1727. 2 vol.

N°. XXVII.   47 *Volumes in-douze*, *dont* :

Hiftoires des Avanturiers - Flibuftiers. Trévoux, 1775. 4 vol.

[13]

Voyage en Turquie & en Perſe, par Otter. Paris,
  1748. 2 vol.
Hiſtoire de l'Empire Ottoman, par M. Mignot.
  Paris, 1771. 4 vol.

N°. XXVIII. *51 Volumes in-douze, dont :*

Hiſtoire Générale, Civile, Naturelle, de tous les
  Peuples du Monde, par Lambert. Paris, 1750.
  15 vol.
Voyage de Syrie & du Mont Liban, par de la
  Roque. Paris, 1722. 2 vol.
Hiſtoire Moderne des Chinois, des Japonois,
  des Indiens, &c., par M. le Beau. Paris, 1754.
  30 vol.

N°. XXIX. *44 Volumes in-douze & in octavo,*
  dont :

Hiſtoire Ancienne de M. Rollin. Paris, 1731. 13
  vol.
Nouvelle Méthode Raiſonnée du Blazon, par le
  P. Meneſtrier. Lyon, 1770.
Délices du Brabant & de ſes Campagnes, par
  M. de Cantillon. Amſt. 1757. 4 vol.
Hiſtoire de la Conquête du Mexique, par Fernand
  Cortez. Paris, 1714. 2 vol.

N°. XXX. *33 Volumes in-quarto, dont :*

Chronologie Hiſtorique-Militaire, par M. Pinard.
  Paris, 1760. 7 vol.
Hiſtoire des Juifs, écrite par Flavius Joſeph, tra-

duite par M. Arnauld d'Andilly. Paris, 1700.
2 vol.

Hiftoire Critique de l'Etabliſſement de la Monarchie
Françoiſe, par Dubos. Paris, 1734. 3 vol.

Hiftoire des Grands Chemins de l'Empire Romain,
par Bergier. Bruxelles, 1728. 2 vol.

N°. XXXI. *40 Volumes in-douze, dont :*

Délices de la Hollande. La Haye, 1710. 4 vol.
fig.

Hiftoire des Révolutions de Florence. Paris, 1765.
3 vol.

Hiftoire de la République des Provinces-Unies des
Pays-Bas. La Haye, 1704. 4 vol.

L'Etat & les Délices de la Suiſſe. Baſle, 1764. 4
vol.

N°. XXXII. *45 Volumes in-douze, dont :*

Hiftoire des Rois des Deux-Siciles de la Maiſon
de France, par M. d'Egly. Paris, 1741. 4 vol.

Les Délices de l'Italie. Paris, 1707. 4 vol.

Hiftoire des Révolutions de Gènes. Paris, 1752.
3 vol.

Hiftoire de Véniſe, par Laugier. Paris, 1759. 12
vol.

N°. XXXIII. *46 Volumes in-octavo & in-douze, dont :*

Abrégé Chronologique de l'Hiftoire Générale
d'Italie, par M. de Saint-Marc. Paris, 1769.
6 vol.

[15]

Histoire des Empereurs Romains, par Crevier.
Paris, 1749. 12 vol.
Description Historique & Critique de l'Italie, par
l'Abbé Richard. Dijon, 1766. 6 vol.
Voyage d'Italie, par M. Cochin. Paris, 1758.
3 vol.

N°. XXXIV. *40 Volumes in-octavo & in-douze,*
dont :

Histoire Romaine de M. Rollin. Paris, 1738. 16
vol.
Histoire des Révolutions Romaines, par M. l'Abbé
de Vertot. Paris, 1727. 3 vol.
Dictionnaire des Antiquités Romaines. Paris,
1766. 2 vol.
Histoire des douze Césars de Suétone, par M. de
la Pause. Paris, 1771. 4 vol.
Les douze Césars, traduit du latin de Suétone,
par M. de la Harpe. Paris, 1770. 2 vol.

N°. XXXV. *32 Volumes in-quarto, dont :*

Voyage au Levant, par le Bruyn. Paris, 1725. 5
vol.
Journal du Voyage de M. le Marquis de Cour-
tanvaux. Paris, 1768.
Voyages de M. le Chevalier Chardin, en Perse
& autres lieux. Amst. 1711. 3 vol.
Le Jay, Bibliotheca Rhetorum. Parisiis, 1725.
2 vol.

N°. XXXVI. *60 Volumes in-douze, dont :*

Mémoires Secrets de M. le Comte de Buſſy-Rabutin. Amſt. 1768. 2 vol.

Eloges des Hommes Savans, par Teiſſier. Leyde, 1715. 4 vol.

Hiſtoire de Tamerlan, Empereur des Mogols. Paris, 1739. 2 vol.

Vie de Pierre Pithou. Paris, 1756. 2 vol.

N°. XXXVII. *70 Volumes in-douze, dont :*

Vies des Hommes Illuſtres de Plutarque, par Dacier. Paris, 1762. 14 vol.

La Cyropédie, ou Hiſtoire de Cyrus, traduit du Grec, par Charpentier. Paris, 1749. 2 vol.

Œuvres de Clément Marot. La Haye, 1700. 2 vol.

Buchanani Scoti Poemata. Amſt. 1687. 2 vol.

Deſid. Eraſmi Opera. Lugd. Bat. 1642. 15 vol. m. r.

N°. XXXVIII. *56 Volumes in-douze, dont :*

Hiſtoire de J. Sobieski, Roi de Pologne. Paris, 1761. 3 vol.

Hiſtoire des Chevaliers de Malthe, par M. l'Abbé de Vertot. Paris, 1755. 7 vol.

Hiſtoire du Règne de l'Empereur Charles-Quint, traduit de l'Anglois. Amſt. 1771. 6 vol.

Hiſtoire du Prince Eugène de Savoie. Amſterdam, 1750. 5 vol.

Hiſtoire

Hiftoire des Révolutions d'Efpagne du Pere d'Or-
léans. Paris, 1737. 5 vol.

N°. XXXIX.   54 *Volumes in-douze*, *dont* :

Elémens de l'Hiftoire d'Angleterre , par l'Abbé
Millot. Paris, 1769. 3 vol.
Hiftoire de la Maifon de Tudor, traduite de M.
Hume. Amfterdam, 1763. 6 vol.
Hiftoire de la Maifon de Stuart , traduite de M.
Hume. Londres, 1763. 6 vol.
Nouvel Abrégé Chronologique de l'Hiftoire
d'Angleterre. Paris, 1751. 2 vol.

N°. XL.   54 *Volumes in-douze*, *dont* :

Lettres Hiftoriques & Galantes de Madame du
Noyer. Amft. 1720. 5 vol.
Recueil de Lettres de Madame la Marquife de
Sevigné. Paris, 1734. 8 vol.
Lettres choifies de Guy Patin. La Haye, 1707. 3
vol.
Lettres intéreffantes du Pape Clément XIV. Paris,
1776. 2 vol.

N°. XLI.   62 *Volumes in-douze*, *dont* :

Le Siècle de Louis XIV, par Voltaire. Londres,
1752. 2 vol.
Mémoires de Marie de Médicis , par Mézeray.
Amfterdam, 1730. 2 vol.
Mémoires de la Régence. La Haye, 1742. 3 vol.
fig.

N°. XLII. *65 Volumes in-douze, dont :*

Hiſtoire du Cardinal Mazarin. Amſterdam, 1671. 4 vol.

Mémoires du Maréchal de Baſſompierre. Amſt. 1723. 4 vol.

L'Eſprit de la Ligue. Paris, 1767. 3 vol.

L'Eſprit de la Fronde. Paris, 1772. 5 vol.

Satyre Menippée. Ratisb. 1714. 3 vol. fig.

Journal d'Henri IV, par de l'Etoile. La Haye, 1741. 4 vol. in-8.

Mémoires de Sully. Londres, 1745. 8 vol.

Hiſtoire de Louis XIV. Colog. 1693. 2 vol.

N°. XLIII. *60 Volumes in-douze, dont :*

Elémens de l'Hiſtoire de France, par l'Abbé Millot. Paris., 1774. 3 vol.

Hiſtoire du Patriotiſme François, par Roſſet. Paris, 1769 6 vol.

Mémoires de Mlle. de Montpenſier. Anvers, 1730. 6 vol.

N°. XLIV. *60 Volumes in-douze, dont :*

Elémens de l'Hiſtoire Ancienne, par l'Abbé Millot. Paris, 1772. 4 vol.

Hiſtoire & Négociations qui précédèrent le Traité de Weſtphalie, par le P. Bougeant. Paris, 1751. 6 vol.

N°. X L V. *46 Volumes in-douze, dont :*

Histoire de Thucydide. Paris, 1671. 3 vol.
Traduction de quelques Ouvrages de Tacite, par
l'Abbé de la Bleterie. Paris, 1755. 2 vol.

N°. X L V I. *37 Volumes in-douze, dont :*

Breviarium Parisiense. Parisiis. 1736. 4 vol. m. r.
L'Office de la Nuit. Paris, 1745. 8 vol.

N°. XLVII. *74 Volumes in-octavo & in-douze,
dont :*

Les Vies des Peintres, par Felibien. 1725. 6 vol.
Bibliographie Instructive, par Debure le jeune.
2 vol. contenant les Belles-Lettres.
Dictionnaire Typographique, par Osmont. 1768.
2 vol.

*Tout ce Numéro consiste en Catalogues sur la Pein-
ture, & en Catalogues de Bibliothèque, partie
avec les Prix.*

N°. X L V I I I. *14 Volumes in-folio, dont :*

Em. Gonzalez Tellez Commentaria perpetua in
Decretales Gregorii IX. Lugd. 1673 4 vol.

N°. X L I X. *16 Volumes in-quarto, dont :*

Origine des Loix, par Goguet. Paris, 1758. 3
vol.

Antiquités & Hiftoires Gauloifes & Françoifes, par Fauchet. 1611. 1 vol.

Paufanias, ou Voyage Hiftorique de la Grèce, traduit en françois, par l'Abbé Gedoyn. Paris, 1731. 2 vol. fig.

J. Rofini Antiquitatum Romanarum Corpus Abfolutiffimum, cum notis Th. Dempfteri, Amft. 1685. 1 vol. fig.

Nº. L. 41 *Volumes in-quarto, dont :*

Hiftoire de l'Académie des Infcriptions & Belles-Lettres. Paris, imp. Royale, 1717. & fuiv.

Nº. L I. 12 *Volumes in-folio, dont :*

Dictionnaire de Moréry. Paris, 1732. 10 vol.
Dictionnaire de l'Académie Françoife. Paris, 1762. 2 vol.

Nº. L I I. 17 *Volumes in-folio, dont :*

Ancienne & Nouvelle Difcipline de l'Eglife, par Thomaffin. Paris, 1725. 3 vol.
Les Loix Civiles, par Domat. Paris, 1745.
Les Loix Eccléfiaftiques de France, par de Héricourt. Paris, 1748.
Hiftoire Généalogique de la Maifon Royale de France, par le P. Anfelme. Paris, 1726. 9 vol.

Nº. L I I I. 18 *Volumes in-folio, dont :*

Guil. Eftius in Sententias. Parifiis, 1680. 2 vol.

— *Idem*. In S. Scripturæ Loca difficiliora. Parisiis,
   1683.

Matthæi Poli Synopsis criticorum aliorumque S.
   Scripturæ interpretum. Londini, 1669. 5 vol.

Nº. LIV.   18 *Volumes in-folio, dont :*

Dictionnaire des Cas de Conscience de Pontas.
   Paris, 1726. 3 vol.

Dictionnaire des Cas de Conscience, par Lamet
   & Fromageau. Paris, 1733. 2 vol.

Dictionnaire Géographique, par de la Martinière.
   La Haye, 1726. 10 vol.

Nº. LV.   17 *Volumes in-folio, dont :*

Dictionnaire de la Bible, par Dom Calmet, avec
   le suppl. Paris, 1722. 4 vol.

Dictionnaire Historique de Bayle. Amst. 1730.
   4 vol.

Nouveau Dictionnaire Historique, pour servir de
   suite au Dictionnaire de Bayle, par Chaufpied.
   Amsterdam, 1750. 4 vol.

Dictionnaire Historique de Prosper Marchand. La
   Haye, 1758. 1 vol.

Nº. LVI.   36 *Volumes in-folio, dont :*

S. Augustini Opera. Lugd. 1664. 7 vol.

Cl. Alexandrini Opera, gr. & lat. Parisiis, 1629.
   1 vol.

D. Chrisostomi Opera, gr. & lat. Parisiis, 1633.
   5 vol.

Nº. LVII. & LVIII. 55 *Volumes in-quarto & in-octavo , dont :*

Histoire de la Chine. Paris, 1777 & suiv., avec la Souscription. 10 vol.
Le Guide de ceux qui veulent Bâtir, par M. Camus de Méfiere. Paris, 1781. 2 vol.

Nº. LIX. & LX. 84 *Volumes in-octavo & in-douze , dont :*

Dictionnaire Ecclésiastique. Paris, 1755. 2 vol.
Dictionnaire de Peinture. Paris, 1746. 1 vol.
Dictionnaire d'Antiquités Grecques & Romaines, par M. Furgault. Paris, 1768. 1 vol.

Nº. LXI. 48 *Volumes in-douze , dont :*

De la Sagesse , par P. Charron. Paris , 1763. 1 vol.
Essais de Théodicée, sur la bonté de Dieu, par Leibnitz. Lauf. 1760. 2 vol.
Essais sur divers sujets de Littérature & de Morale, par l'Abbé Trublet. Paris, 1754. 4 vol.

Nº. LXII. 46 *Volumes in-douze, dont :*

Catéchisme de Montpellier. Paris, 1731. 3 vol.
Sermons de Massillon. 4 vol.
Sermons de la Neuville. Paris, 1776. 8 vol.
Sermons de Tillotson. Amst. 1722. 6 vol.

N°. L X I I I. *39 Volumes in-douze, dont :*

Lectiones Theologicæ de Sacramentis, aut. Gab. Muffon. Parifiis, 1745. 4 vol.

N°. L X I V. *45 Volumes in-douze, dont :*

Mémoires Littéraires de la Grande-Bretagne. 8 vol.

N°. L X V. *48 Volumes in-douze, dont :*

Singularités Hiftoriques & Littéraires. Par. 1738. 4 vol.

Mélanges de Littérature, par Dalembert. Amft. 1763. 5 vol.

Nouveaux Mémoires d'Hiftoire, de Critique & de Littérature, par l'Abbé d'Artigny. Paris, 1749. 7 vol.

N°. L X V I. *44 Volumes in-douze, dont :*

Traité de l'Opinion, par le Gendre. Paris, 1741. 7 vol.

Rhétorique Françoife, par Crevier. Paris, 1765. 2 vol.

Eloge de la Folie, trad. par Gueudeville. Amft. 1731. fig.

N°. L X V I I. *50 Volumes in-douze, dont :*

Entretiens Phyfiques, du P. Regnault. Par. 1755. 5 vol.

[24]

Le Spectacle de la Nature, & l'Hiftoire du Ciel,
par Pluche. Paris, 1741. 11 vol. fig.
Effai Philofophique fur l'Entendement Humain,
par Locke. Amft. 1750. 4 vol.
Hiftoire Critique de la Philofophie, par Deflandes.
Amft. 1754. 4 vol.

N°. LXVIII. 51 *Volumes in-douze, dont :*

Nouvelles de la République des Lettres.

N°. LXIX. 35 *Volumes in-octavo & in-douze,*
dont :

Le Rime di Fr. Petrarca. in Padoua, 1732. 1 vol.
Le Avventure di Telemaco. In Venezia, 1756. 1
vol.

N°. LXX. 44 *Volumes in-douze, dont :*

Pamela, ou la Vertu récompenfée. Londres, 1742.
2 vol.
Hiftoire de Gilblas de Santillane, par le Sage.
Paris, 1747. 4 vol. fig.
Roman Comique de Scarron. Amfterdam, 1766.
3 vol.

N°. LXXI. 47 *Volumes in-douze, dont :*

Efprit des Tragédies & Tragi-Comédies. Paris,
1762. 3 vol.
Avantures du Baron de Fœnefte, par Th. Agr.
d'Aubigné. Amft. 1731. 2 vol.
Œuvres de Greffet. Londres, 1751. 2 vol.

La Nouvelle Héloïse, par J. J. Rousseau. Amst.
1761. 6 vol. fig.

N°. LXXII. *46 Volumes in-douze, dont :*

Essais de Montaigne. Paris. 3 vol.
Œuvres de l'Abbé de Saint-Réal. Paris, 1757.
8 vol.
Menagiana. Par. 1729. 4 vol.
Ducatiana. Amst. 1738. 2 vol.

N°. LXXIII. *54 Volumes in-douze, dont :*

Œuvres de Racine. Paris, 1755. 3 vol.
Œuvres de Destouches. Paris, 1758. 10 vol.
Œuvres de Regnard. Paris, 1750. 4 vol.
L'Art de Peindre, Poëme, par M. Watelet. Paris,
1760. 1 vol. fig.

N°. LXXIV. *104 Volumes in-douze, dont :*

L'Année Littéraire, par Fréron, année 1778.

N°. LXXV. *86 Volumes in-douze, dont :*

Œuvres de Rabelais, 1663. 2 vol.
Histoire de Pierre de Montmaur. La Haye, 1715.
2 vol. fig.
Mémoire de Littérature, par de Sallengre. La Haye,
1715. 2 vol.
Daphnis & Chloé, 1718. Edit. du Régent, in-8.
m. r.

N°. LXXVI. 34 *Volumes in-quarto, dont :*

Le Vocabulaire François, 30 vol.

N°. LXXVII. 15 *Volumes in-quarto, dont :*

Breviarium Parisienfe. Parif. 1736. 4 vol. m. r.
Abrégé du Dictionnaire de Trévoux, par M. Ber-
   thelin. Paris, 1762. 3 vol.
Dictionnaire Italien, Latin & François, par Anto-
   nini. Lyon, 1750. 2 vol.

N°. LXXVIII. 25 *Volumes in-folio, dont :*

Dictionnaire Etymologique de la Langue Françoife, par Ménage. Paris, 1750. 2 vol.
Collectio Judiciorum de Novis Erroribus, Opera
   & Studio C. du Pleffis d'Argentré. Parif. 1724.
   3 vol.
Ambaffades de la Chine, du Japon, & Defcription
   de l'Afrique. 3 vol. fig.

N°. LXXIX. 42 *Volumes in-douze, dont :*

Conférences Eccléfiaftiques de Paris, fur l'Ufure.
   Paris, 1724. 4 vol.

N°. LXXX. 44 *Volumes in-douze, dont :*

Hiftoire Critique des Pratiques fuperftitieufes qui
   ont féduit les Peuples, &c. par le Brun. Paris,
   1750. 4 vol.
Traité des Superftitions, par J. B. Thiers. Paris,
   1741. 4 vol.

Nº. LXXXI. 42 *Volumes in-octavo & in-douze ,*
dont :

Sermons pour les Fêtes , par Elie Bertrand. Yver-
don, 1776. 2 vol.
La Religion Chrétienne méditée. Paris, 1763. 6 vol.
Défense de la Religion , contre les Infidèles & les
Incrédules , traduite de l'Anglois de Burnet. La
Haye, 1738. 5 vol.

Nº. LXXXII. 27 *Volumes in-quarto & in-octavo ,*
dont :

Religionis Naturalis Principia. Parif. 1752. 3 vol.
Explication des Cérémonies de l'Eglise , par C. de
Vert. Paris, 1720. 4 vol.
Breviarium Parifienfe. Parif. 1745. 4 vol.
La Bible , par le Maître de Saci. Paris, 1701. 2 vol.
Hiftoire du Vieux & du Nouveau Teftament , par
le même. Paris , 1724. fig. m. r.
L'Art de Peindre, Poëme , par M. Watelet. Paris,
1760. fig.

Nº. LXXXIII. 12 *Volumes in folio, dont :*

Biblia Sacra , cum univerfis Fr. Vatabli notis. Parif.
1729. 2 vol.
Novus Thefaurus Antiqu'tatum Romanarum con-
geftus ab Alb. Henr. de Sallengre, cum figuris
Æneis. Hagæ-Comit ; 1716. 3 vol.
Le Grand Cabinet Romain , avec les Explications
de Michel Ange de la Chauffe. Amft. 1706.
1 vol. fig.

N°. LXXXIV. 70 *Volumes in-octavo & in-douze,*
dont :

Histoire Naturelle de M. de Buffon. Paris, 1769.
13 vol.
Œuvres de Fontenelle. Paris, 1752. 12 vol.

N°. LXXXV. 50 *Volumes in-douze, dont :*

Oraisons funèbres de Fléchier, Bossuet & Mascaron. 3 vol.
Lettres de Cicéron, par l'Abbé Mongault. Liége,
1773. 4 vol.

Nos. LXXXVI & LXXXVII. 44 *Volumes in-*
octavo & in-douze, dont :

Dictionnaire des Cas de conscience. Lyon, 1761.
2 vol.
Dictionnaire des Hérésies. Paris, 1762. 2 vol
Dictionnaire des Cultes Religieux, par de la Croix.
Paris, 1776. 3 vol. fig.

N°. LXXXVIII 40 *Volumes in-octavo, dont :*

Dictionnaire Comique, par le Roux. Amst. 1750.
1 vol.
Dictionnaire Abrégé de la Vie & des Ouvrages des
Hommes illustres. Paris, 1758. 6 vol.
Œuvres de Racine. Paris, 1768. 7 vol. fig.

N°. LXXXIX. 31 *Volumes in-folio & in-quarto,*
dont :

Rob. Stephani Thesaurus Linguæ Latinæ. Basil.
1740. 4 vol.

Le Temple des Muſes, avec des Remarques &
des Annotations de Michel de Marolles. Paris,
1655. 1 vol. fig.

Les Hommes Illuſtres, qui ont paru en France
avec leurs Portraits, par M. Perrault. Paris,
1696. 2 Tomes en 1 vol.

Généalogie Hiſtorique & Critique de la Maiſon de
la Roche-Aymon. Paris, 1776. 1 vol.

N°. LXXXX. 50 *Volumes in-octavo & in-douze,*
dont :

Dictionnaire Hiſtorique-Portatif, par l'Abbé Lad-
vocat. Paris, 1760. 2 vol.

Lû & approuvé, ce 14 *Novembre* 1781.

FOURNIER,

Adjoint.

De l'Imprimerie de CLOUSIER, rue St-Jacques,
1781.

LES Livres feront expofés en vente dans l'ordre fuivant.

LUNDI 26 Novembre 1781, les Nᵒˢ· 59 & 60, 74, 75, 12, 3, 4, 6, 11, 13, 28, 7, 2, 5, 56, 78.

Mardi 27, les Nᵒˢ· 37, 73, 47, 45, 46, 44, 43, 42, 41, 29, 8, 15, 30, 48, 52.

Mercredi 28, les Nᵒˢ· 40, 14, 16, 19, 20, 27, 31, 32, 3, 1, 9, 24, 51, 53.

Jeudi 29, les Nᵒˢ· 18, 21, 22, 23, 26, 34, 36, 38, 39, 10, 17, 25, 54, 55.

Vendredi 30, les Nᵒˢ· 61, 62, 63, 64, 65, 66, 67, 70, 71, 35, 49, 50, 83.

Samedi 1ᵉʳ· Décembre, les Nᵒˢ· 68, 69, 72, 79, 80, 81, 84, 85, 86, 87, 88, 90, 57 & 58, 76, 77, 82, 89.

Il fera vendu au commencement de chaque Vacation plufieurs Livres non compris dans la préfente Notice.